Quand il y a le silence des mots,
se réveille trop souvent la violence des maux.
Mais il ne suffit pas de rompre le silence,
et de sortir du mutisme,
encore faut-il se sentir reçu, entendu et amplifié
lors de ses tâtonnements à mettre en mots.
Il y a des mots vibrants de vie,
des mots ferveur pour l'amour,
des mots patience ou enthousiastes pour la compassion,
des mots de tolérance pour la liberté d'être.
Il y a des mots porteurs de mort et de violence,
chargés de haine et d'inimitié.
Il y a les mots simples et nécessaires du quotidien
et les mots rares de l'exceptionnel,
les mots familiers de la banalité
et les mots précieux de l'extraordinaire
Il y a les mots économes de la survie
et ceux dont la richesse
nous transporte vers le meilleur
de l'autre et de nous-mêmes.
Il y a des mots obscurs, hésitants, torturés,
des mots balbutiants et aussi des mots posés
et confiants déjà plus matures,
pleins de sagesse et de sérénité,
lourds de tout leur poids d'espoir
et du sens profond qu'ils portent.
Il faut déjà du temps pour qu'un ressenti,
une émotion, un vécu trouvent le chemin des mots,
pour qu'ils migrent des lieux du corps où ils naissent
et s'inscrivent,
jusque sur la scène symbolique de la représentation,
et qu'ils accèdent ainsi au registre de la pensée,
par un subtil travail de transformation
qui mène de l'irreprésenté au figurable, de l'informulé au dicible.
Il faut parfois bien plus de temps encore,
pour qu'un mot devienne parole,
pour qu'il sorte des limbes de l'imaginaire
où il a été conçu et vienne ainsi au monde
dans le passage étroit et délicat
qui va de l'impression à l'expression,
de l'ouverture de soi à la transmission à l'autre.

Au début était le Verbe
et donc l'énergie du souffle vital.
Notre existence est tissée
de toutes les tentatives d'échanges et de partages
qui ont jalonné les différentes étapes de notre vie.
Notre bien-être se nourrit ainsi de la qualité
des relations significatives amorcées, acceptées,
nouées et entretenues dans la durée,
avec des êtres que nous avons côtoyés.
Et notre état de santé est exactement proportionnel
à notre capacité à nous respecter face à autrui.
Il y a des mots toxiques et des mots blessants,
des mots qui distillent leur venin ou leur aigreur,
bien au-delà du temps où ils ont été prononcés.
Je peux imaginer que beaucoup ont déjà appris
à ne pas les garder, à ne pas laisser trop longtemps fermenter
en eux les disqualifications, les humiliations,
les propos destructeurs
ou simplement négatifs et néfastes qui leur ont été adressés.
Il y a, bien sûr, des mots cadeaux,
des mots de grâce, des mots bénis et des mots magiques
que nous pouvons accueillir et amplifier en nous.
Ce sont ceux-là que j'ai recueillis
et rassemblés, ceux-là que j'ai voulu déposer dans ce livre.
Des mots graves et des mots plaisirs,
des mots éveil et des mots envols,
des mots rires et des mots tendres,
des mots si féconds et si lumineux
qu'ils restent longtemps en nous,
tels des germes qui fleuriront
aux instants les plus inattendus de nos jours.
Une parole pleine a des vertus curatives
et une puissance thérapeutique,
elle possède un fort pouvoir de vie,
quand elle ne juge pas,
quand elle ne dicte pas, quand elle n'enferme
ou ne dépossède pas.
Une parole soigne quand elle permet de penser
les douleurs et les souffrances intimes,
un « penser » qui peut s'écrire aussi avec un a
quand il panse les blessures et les mutilations anciennes
jusqu'à la cicatrisation.

Et je trouve beau de faire mémoire
en son vivant
de mots qui ont en nous assez d'énergie
pour nous faire avancer et croître.
Une parole guérit lorsqu'elle nous invite
à reconnaître le sens,
et à trouver l'enjeu caché
d'une mise en maux.
Une parole libère lorsqu'elle stimule
une mise en lien, qu'elle devient
un pont, une passerelle
entre deux événements,
entre deux moments de notre histoire
et qu'elle nous amène, non seulement
à rendre plus conscient un peu de notre inconscient,
mais à regarder et à voir autrement
tout ce que nous savons déjà.
Une parole nous conduit à sortir
de nos pièges et de nos répétitions,
elle nous déloge de notre tendance à la « victimisation »,
lorsqu'elle suscite des échos et des résonances
suffisamment profondes pour pouvoir enfin être entendue
par celui-là même qui l'énonce.
Ma grand-mère se plaisait à rappeler
que la véritable écoute est une écoute dense (danse)
tissée de silence et d'acceptation,
prolongée par des regards,
soutenue par une respiration et une présence.
Une qualité d'écoute qui permet
justement à celui qui parle
d'entendre enfin ce qu'il dit.

Puis-je rappeler qu'un livre a toujours deux auteurs,
celui qui l'écrit et celui qui le lit.
Et poursuivre avec cette invitation :
vous convier à inventer et à offrir à votre tour,
aux moments clés de votre vie,
des paroles à guérir.

Jacques Salomé

Danse !
Frappe des mains !
Fais surgir la mélodie !
Fais éclater le présent !
Découvre le miracle de l'aube
fracturant la noirceur de la nuit.
Fais danser les lettres,
les voyelles amoureuses
de lointaines consonnes.
Fais danser les mots pour qu'ils
deviennent des oiseaux.
Écris le chant joyeux de la guérison,
le chant précieux de la délivrance.
Ainsi tu te souviendras de ton futur…

Rabhi Nahman de Braslav

L'être humain

ne se réduit pas

à ce que nous voyons

ou croyons voir.

Il est toujours infiniment

plus grand, plus profond

que nos jugements étroits

ne peuvent le dire.

Il n'a, enfin, jamais dit

son dernier mot,

toujours en devenir,

en puissance de s'accomplir,

capable de se transformer

à travers les crises

et les épreuves de sa vie.

Marie de Hennezel

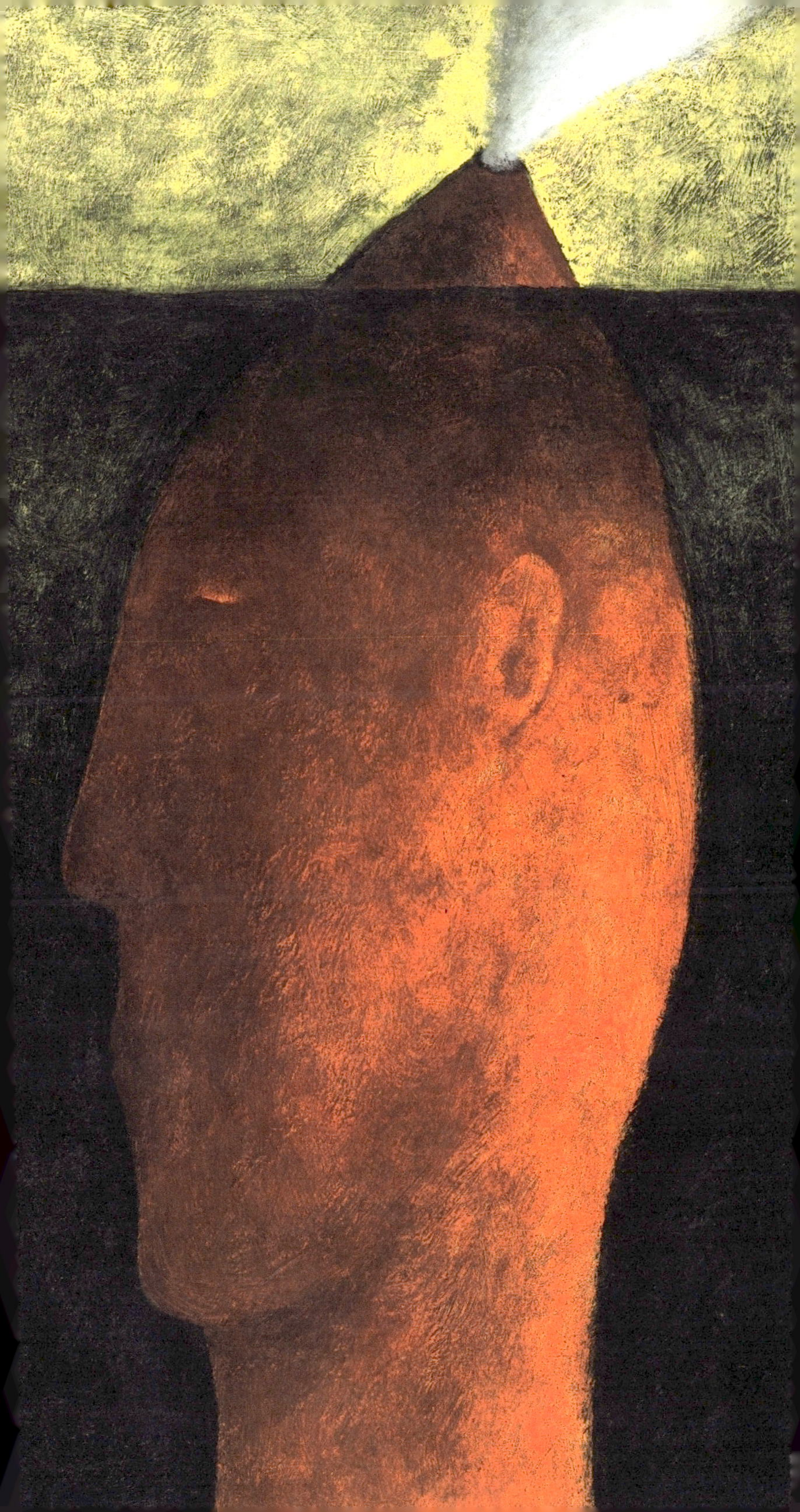

En marche, les humiliés du souffle !

En marche, les endeuillés !

En marche, les humbles !

En marche, les affamés et les assoiffés de justice !

En marche, les matriciels !

En marche, les cœurs purs !

En marche, les faiseurs de paix !

Évangile selon Saint Matthieu

Chaque fois que tu te sentiras perdue, indécise,
pense aux arbres, souviens-toi de leur façon de pousser.
Souviens-toi qu'un arbre avec beaucoup de feuillage
et peu de racines peut être déraciné au moindre coup
de vent, tandis que, dans un arbre avec beaucoup
de racines et peu de feuillage, la sève court difficilement.
Racines et feuillage doivent pousser dans les mêmes
proportions, tu dois être dans les choses et au-dessus,
ainsi seulement tu pourras offrir ombre et refuge,
te couvrir de fleurs et de fruits quand ce sera la saison.
Quand plusieurs routes s'offriront à toi, et que tu ne
sauras pas laquelle choisir, n'en prends pas une au hasard,
mais assieds-toi et attends.
Respire profondément, avec confiance, comme le jour où
tu es venue au monde, sans te laisser distraire par rien.
Attends encore et encore. Ne bouge pas, tais-toi et écoute
ton cœur. Puis quand il te parlera, lève-toi et va où il te porte.

Susanna Tamaro

La vie pour qui tente de vivre droit,
c'est chose sucrée et salée,
douce et amère, convulsive et sereine.

Jean Lurçat

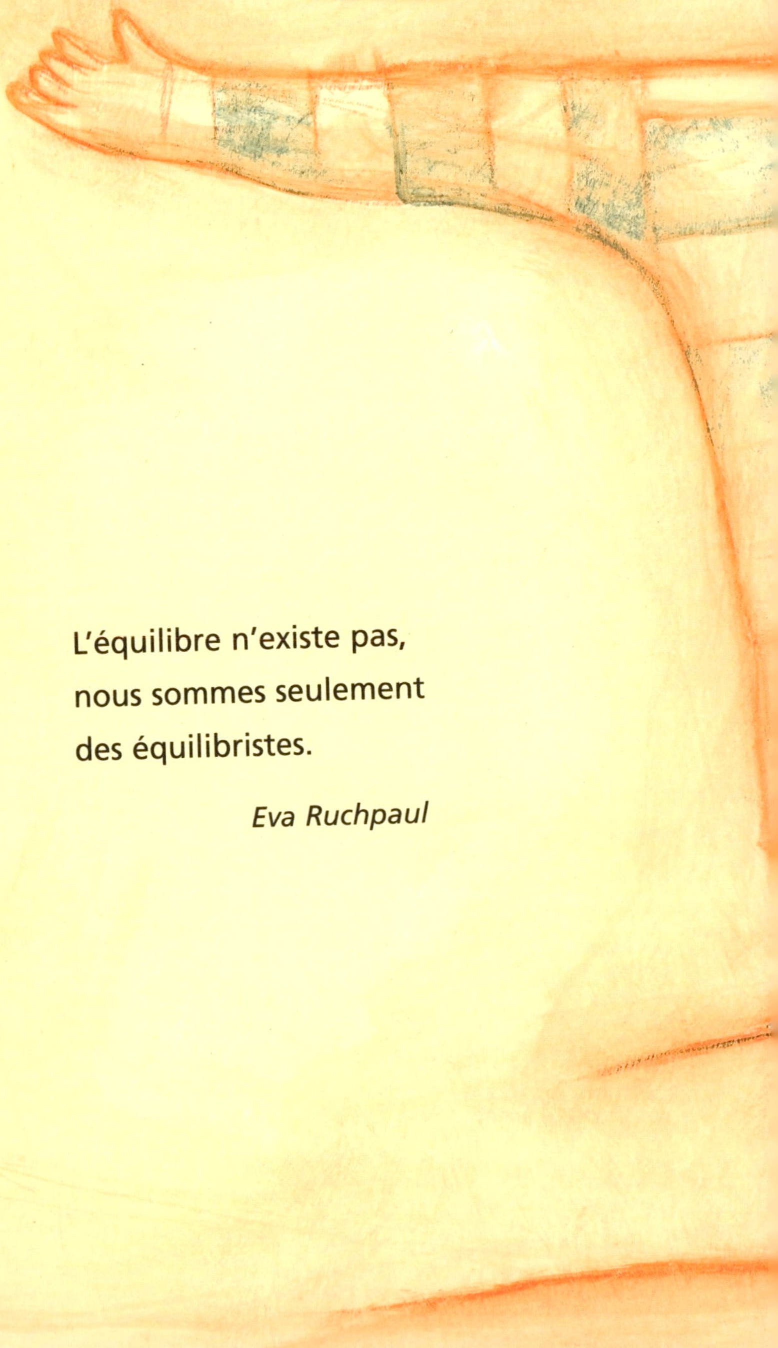

L'équilibre n'existe pas,
nous sommes seulement
des équilibristes.

Eva Ruchpaul

« Ce qui sauve c'est de faire
un pas. Encore un pas.
C'est toujours le même pas
que l'on recommence…
Ce que j'ai fait, je le jure, jamais
aucune bête ne l'aurait fait. »

Cette phrase la plus noble
que je connaisse, cette phrase
qui situe l'homme, qui l'honore,
qui rétablit des hiérarchies vraies,
me revenait à la mémoire.

Antoine de Saint-Exupéry

**Nul ne peut avoir de lien
avec son prochain
s'il ne l'a d'abord avec lui-même.**

C.G. Jung

Car toutes
nos misères véritables
sont intérieures
et causées
par nous-mêmes.
Nous croyons faussement
qu'elles viennent
du dehors,
mais nous les formons
au-dedans de nous,
de notre propre
substance.

Anatole France

La guérison escomptée vient
par surcroît, comme conséquence
d'une mutation autrement plus
radicale et qui concerne l'identité.
Plus le sujet ira vers lui-même,
moins il sera malade. Mais dans
un premier temps, être malade
est le moyen d'arrêter le mouvement
qui le fait aller vers l'idole
et non vers lui-même.
Cette maladie, qui est médicalement
considérée comme un mal,
est spirituellement un progrès.

Mary Balmary

Si quelqu'un me guérit et me retire mon mal, j'entends aussi qu'il me hisse au niveau de conscience que j'aurais atteint si j'avais moi-même résolu ce que ce mal devait m'apprendre. Sinon, s'il me laisse dans le même état de conscience après m'avoir retiré mon mal, il me vole l'outil de croissance que peut être cette maladie.

Yvan Amar

Celui qui sait parler avec ses mains,
écouter avec ses yeux,
entendre avec ses silences,
celui-là sait guérir
plus sûrement
que le docteur
ou l'apothicaire.

Jacques Salomé

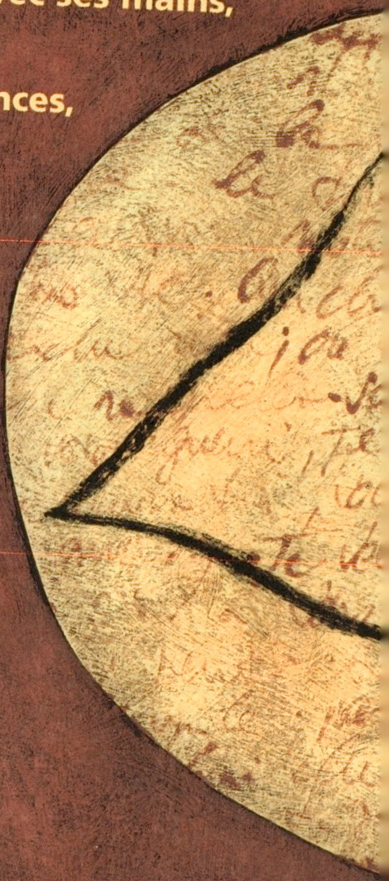

Si tu veux reconnaître tes pensées de la veille, regarde ton corps d'aujourd'hui.
Si tu veux savoir ce que sera ton corps demain, regarde tes pensées d'aujourd'hui.

Adage indien

Nous sommes malheureusement trop souvent sourds et malentendants à ces messages censés nous avertir pour prévenir de ce qui se passe et de ce que nous avons à travailler dans notre vie.
Nous sommes donc obligés d'aller voir plus loin, vers les actes manqués, les traumatismes, voire la maladie ! Eux aussi nous parlent, mais pour eux aussi il nous faut apprendre à décoder leur langage.

Michel Odoul

Mais pourquoi attendre que des déchirements venus de l'extérieur nous apprennent un jour qui nous sommes ? Pourquoi attendre de grands malheurs pour apprendre à quitter celui ou celle que nous ne sommes pas, celui ou celle que nous paraissons être ?

Annick de Souzenelle

Ce qui nous attend de pire ou de meilleur, c'est de passer un peu de temps sur cette terre. Alors ce temps reçu en partage, il nous appartient de ne pas le maltraiter, de ne pas le gaspiller et surtout, surtout de le nourrir d'amour, de générosité, de tolérance et de respect, pour chacune des parcelles de vie dont il est constitué. En souvenir des poussières d'étoiles qui sont à sa source, le garder le plus vivant possible, telle une éphémère échappée à l'ordre du temps.

Jacques Salomé

**Et le rire, le rire,
véritable massage du cerveau
par les abdominaux.**

Joëlle Malbec-Cassano

C’est très important de faire une chose folle par jour, seulement pour rester sain d’esprit.

DOROLA

Les caresses sont aussi nécessaires
à la vie des sentiments
que les feuilles le sont aux arbres.
Sans elles, l'amour meurt par la racine.

Nathaniel Hawthorne

Juste une idée blonde, une abeille
qui butinerait le soleil dans la tête
des gens qui passent quand tout grince,
quand tout grimace...
Juste un peu de chaleur humaine.

Jean Vasca

Croyez en l'extase des nuages
qui traversent les grands horizons,
au petit vent du soir,
au cœur de l'été chaud.

Croyez en la douceur d'une amitié,
d'un amour,
à la main qui serre votre main.

Car demain, mais n'y pensez pas,
demain éclateront peut-être
les nuages et l'orage emportera
vos amours.

Tenez-vous serrés,
ne vous endormez pas sur un reproche
non formulé,
endormez-vous réconciliés.
Vivez le peu que vous vivez
dans la clarté.

Julos Beaucarne

Un homme qui ne sait pas pleurer n'est pas un homme.
Sera un homme, celui qui portera un enfant pendant neuf mois !

Archie Fire Lame Deer

5 6 7 8 9

Le plus difficile

Le plus difficile
c'est de se dire
à soi-même

moi aussi, sous le soleil
j'ai de l'or dans mes cheveux

moi aussi
je sais rire et pleurer
je sais vivre

tant de fois et sous tant de formes
on m'a répété :
problème, problème, problème

le plus difficile
c'est de remonter le courant
vers la source, vers l'origine

à l'origine, moi j'étais belle
j'étais superbe dans mon silence
alors quoi ?

lavage de cerveau dix mille fois recommencé
jusqu'à ce que tout fasse problème :
l'argent, l'amour, le sexe,

rien que des paquets de nœuds

mais ça va, vous comprenez ?
malgré tout –
je vis, j'aime, j'existe

je continue

excusez-moi
c'est dur à dire
je m'aime comme je suis

si tu ne te définis pas toi-même,
c'est l'autre qui te définit
et se perd à essayer de te
rencontrer

le plus difficile
c'est de me dire à moi-même :
hé !
ça va, la belle,
pas de panique !

Jacqueline Grosclaude

Des milliers de

« **non** »

sont nécessaires pour trouver un seul

« **oui** »

dans l'existence.

Apprenez d'abord à dire non à tous

ces gens qui ont dévasté votre être.

Osho

non

L'évolution de l'être profond passe par une élaboration, pas seulement par une verbalisation et ceci le plus souvent dans une grande solitude... Il me semble que nous avons tous, à chaque instant, à repérer, à gérer en nous, un équilibre entre « nos bons et nos mauvais objets intérieurs ». Ces objets (intériorisés pendant l'enfance) ne sont jamais à l'extérieur de nous, même s'ils sont révélés à travers la relation aux autres.

M.-J. R.-M.

Regardez au fond
de votre cœur, vous verrez,
quelque part en vous,
ce qui refuse purement
et simplement l'idée
d'être enfin heureux,
bien que vous prétendiez
sincèrement en avoir assez
de souffrir...
Vous avez construit
votre équilibre de vie,
votre monde intérieur,
sur la souffrance.
Vous êtes adaptés
à la souffrance,
installés dans la souffrance
et l'idée de renoncer
à la souffrance, profondément,
vous est incompréhensible.

Arnaud Desjardins

Aujourd'hui

La chose la plus précieuse que tu possèdes est :
aujourd'hui.
Aujourd'hui est ta priorité,
même s'il est coincé entre hier et demain.
Aujourd'hui, tu peux être heureux, pas hier ni demain.
Hier est passé et demain n'est pas encore là.
La vaste majorité de nos misères sont des restes d'hier
ou empruntés à demain.
Garde ton aujourd'hui propre.
Décide dans ton esprit de jouir de ta nourriture,
de ton travail, de tes loisirs
coûte que coûte aujourd'hui.

Aujourd'hui est à toi, c'est à toi qu'il a été donné.
Tous les hiers sont partis, et tous les demains sont encore à venir.

Aujourd'hui est à toi. Prends-en les joies et sois heureux.
Prends-en les peines et sois toi-même.

Aujourd'hui est à toi. Emploie-le de sorte que sur sa fin,
tu puisses dire : j'ai vécu et aimé, aujourd'hui.

Auteur inconnu

Le temps ne respecte pas ce qui se fait sans lui.

Clémentine Faïk-Nzuji

Apprendre à voir la mort comme un compagnon invisible, mais amical dans le voyage de la vie.
Qui vous rappelle doucement de ne pas remettre à demain ce que vous voulez faire.
C'est apprendre à vivre sa vie plutôt qu'à la traverser.

Elisabeth Kübler-Ross

Écoute encore le cri de ta vie.
Écoute toujours ce qu'il dit, écoute plus loin l'écho
et la résonance de son silence.
Écoute en ton corps la chanson d'existence, la chanson
d'espérance, la musique qui vibre au rythme de tes pas
et que tu n'entends pas.
Car toi tu es loin de toi,
à des années-lumière de ton être.
Arrête un instant la précipitation dans laquelle
tu t'es jetée, il y a tant et tant d'années.
Arrête, arrête-toi là, juste un tout petit moment,
arrête-toi de ne pas vouloir t'entendre,
de ne pas vouloir t'attendre, de ne pas vouloir te regarder,
de ne pas vouloir t'aimer, de ne pas vouloir t'accompagner.
Tourne-toi vers toi,
change le mouvement de ton corps
et donne à ton regard la voyance.
Quitte l'aveuglement, la cécité dans laquelle
tu étais depuis si longtemps.
Oui, viens vers toi,
oui, ouvre les yeux et regarde, regarde.
Sois éblouie en quittant l'ombre le temps
d'une grande respiration,
puis lève la tête vers le soleil,
vers la lumière,
vers la terre et reconnais-la comme tienne.
Puisse ta main devenir celle du sculpteur qui façonnera
la forme nouvelle de ton corps et de ton âme.
Et prépare, en t'occupant de toi, le temps de naître
à ta vraie vie.

Françoise Blot

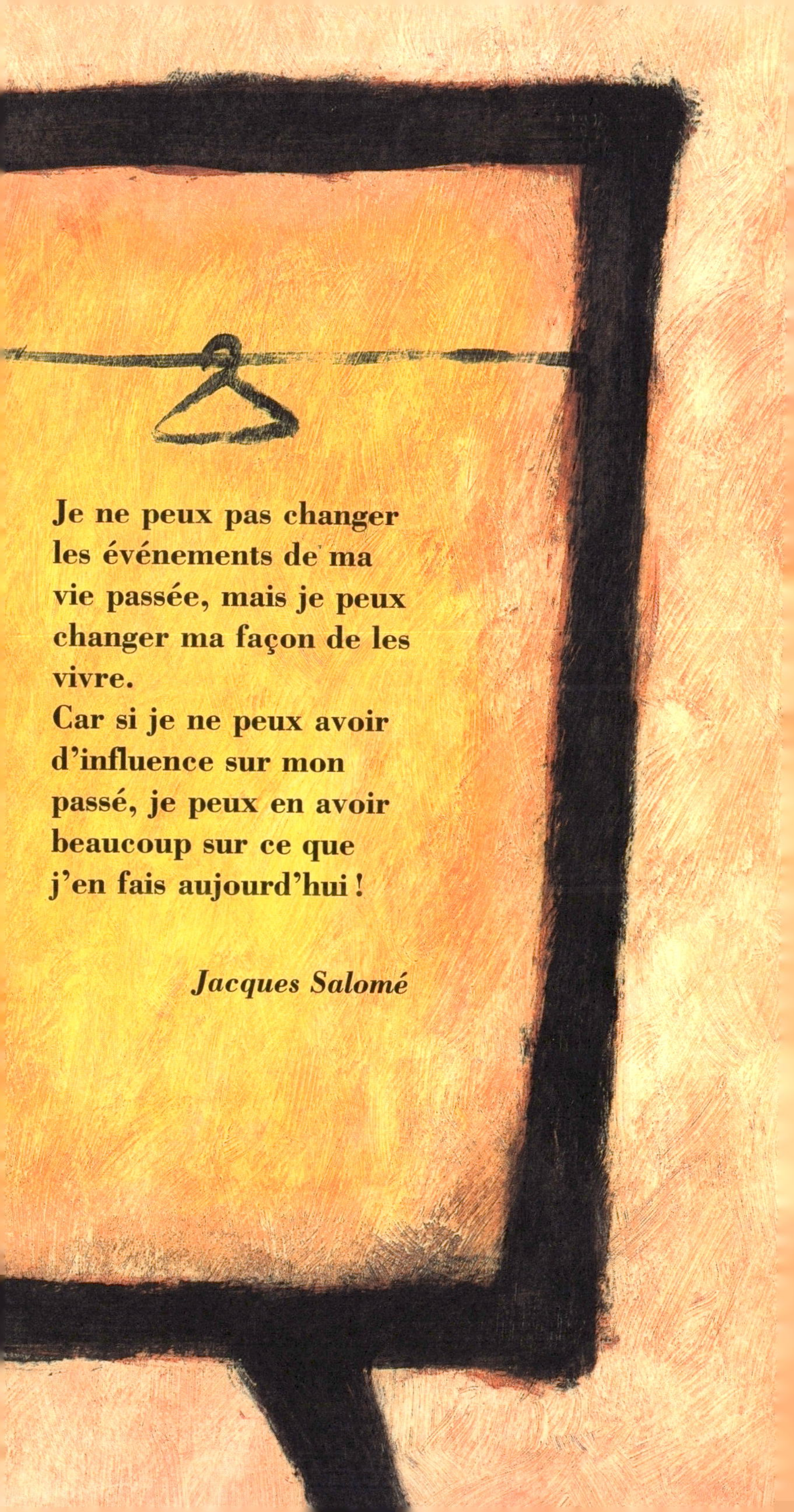

Je ne peux pas changer les événements de ma vie passée, mais je peux changer ma façon de les vivre.
Car si je ne peux avoir d'influence sur mon passé, je peux en avoir beaucoup sur ce que j'en fais aujourd'hui !

Jacques Salomé

Il était une fois une vieille femme

qui se sentait de plus en plus jeune

à mesure qu'elle prenait de l'âge.

La jeunesse n'a rien à voir avec le temps,

elle est une attitude.

Le vieillard riche de vie peut vraiment

être plus jeune que l'adolescent.

Cette vieille femme était tellement enjouée

qu'elle suscitait l'admiration de tous.

– Pourtant, lui dit un visiteur, il doit bien

y avoir des nuages dans ta vie ?

– Des nuages ? Bien sûr ! Sinon,

d'où viendrait la pluie bienfaisante ?

Osho

Quelle merveille !
Je puise de l'eau
Je ramasse du bois.

La poule d'eau
Enfonce son bec dans ses plumes
Elle dort en flottant.

Un vieux pin prêche la sagesse.
Un oiseau sauvage crie la vérité.

Poèmes zen

Je suis restée sous le charme… d'un immense nuage d'une belle teinte rose, tellement irréelle que l'on aurait dit un sourire, un salut venant d'horizons inconnus. J'ai éprouvé comme une libération et, sans le vouloir, j'ai tendu mes deux mains vers cette apparition magique. N'est-ce pas que la vie est belle et vaut la peine d'être vécue, quand elle nous offre de telles couleurs et de telles formes…

Au milieu des ténèbres, je souris à la vie, comme si je connaissais la formule magique qui change le mal et la tristesse en clarté de bonheur. Alors je cherche une raison à cette joie, je n'en trouve pas et ne puis m'empêcher de sourire de moi-même. Je crois que la vie elle-même est l'unique secret.

Rosa Luxemburg

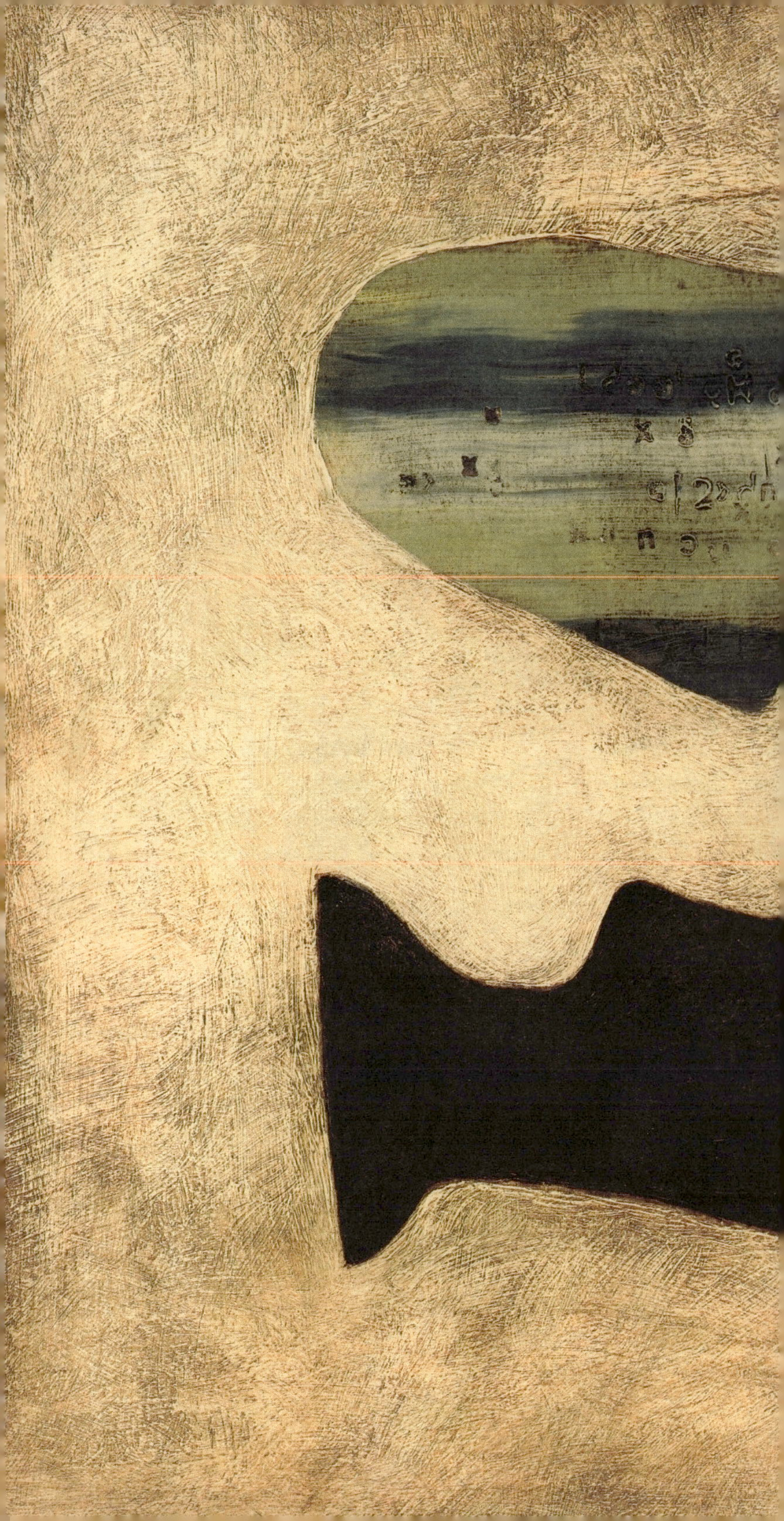

Rendons-nous présents au présent.

Lanza del Vasto

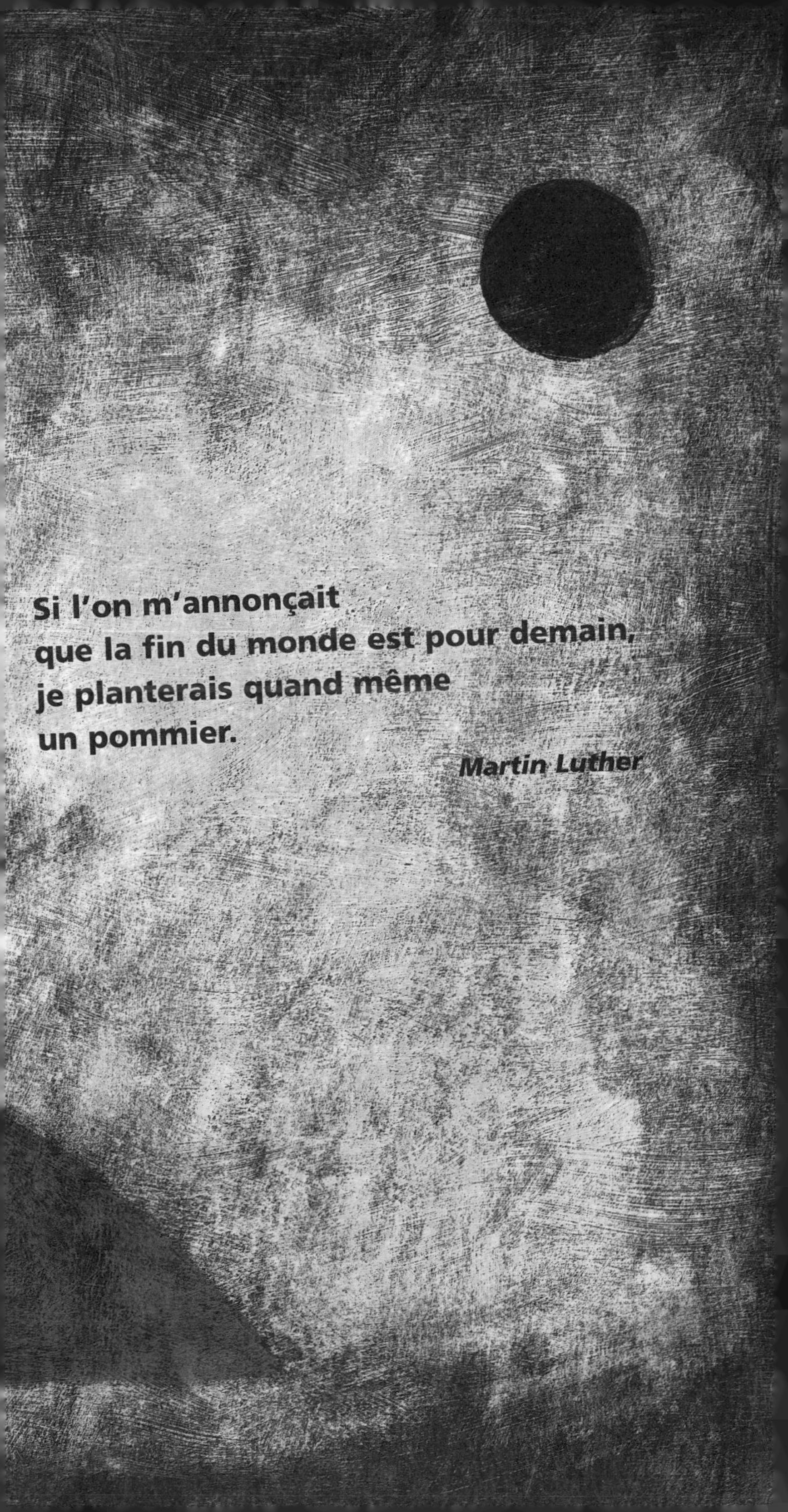

Si l'on m'annonçait
que la fin du monde est pour demain,
je planterais quand même
un pommier.

Martin Luther

Au début du début était le désir.
Aussi vaste que la mer
Comme l'annonce d'un présage
Comme un souffle sur le rivage
Mais d'où puise-t-il sa source lui-même ?

Morice Bénin

Ami, n'imitez pas celui qui, assis devant l'âtre, regarde le feu mourir puis souffle en vain sur les cendres éteintes.
Ne perdez pas l'espoir et ne vous laissez pas aller au désespoir pour les choses du passé, car se lamenter sur l'irrémédiable est la pire des faiblesses humaines.

Khalil Gibran

Pour qui tend convenablement sa voile
au souffle de la terre un courant se décèle
qui force à prendre toujours la plus haute mer.

Pierre Teilhard de Chardin

Il faut naître deux fois
pour vivre un peu,
ne serait-ce qu'un peu.
Il nous faut naître par la chair
et ensuite par l'âme.
Les deux naissances sont
comme un arrachement.
La première jette le corps
dans le monde,
la seconde balance
l'âme jusqu'au ciel.

Christian Bobin

Un peu de connaissance agissante
vaut infiniment plus que beaucoup
de connaissance stérile.
Apprenez les paroles de sagesse…
appliquez-les dans votre vie.
Vivez-les, mais ne les déclamez pas,
car quiconque répète ce qu'il n'a pas compris
est aussi inutile qu'un âne chargé de livres.

Khalil Gibran

La santé n'est pas seulement
l'absence de la maladie.
C'est une joie intérieure
que nous devrions ressentir
tout le temps, un état
de bien-être positif.

Deepak Chopra

Un homme que nous déifions par amour nous ravira, pas à pas, notre propre liberté et notre abandon se muera en sujétion.

Eugène Drewermann

Ne cherche pas d'autres richesses
que celle de l'amour à donner et à recevoir.
Ose, ose, car le possible est toujours
un tout petit pas après... l'impossible.

Ose ta confiance, ose ta vie,
toi seul la vivras.

Jacques Salomé

- **Rabhi Nahman de Braslav**, cité par M. A. Ouaknin, *Bibliothérapie : lire, c'est guérir*, coll. « La couleur des idées », Le Seuil, 1994
- **Marie de Hennezel**, *La mort intime*, coll. « Aider la vie », éd. Robert Laffont, 1995
- **Évangile selon Saint Matthieu,** (chap. 5, versets 1-9), *La Bible*, trad. A. Chouraqui, éd. Desclée de Brouwer, 1985
- **Susanna Tamaro**, *Va où ton cœur te porte*, éd. Plon, 1997
- **Jean Lurçat**, Musée Jean-Lurçat, Angers
- **Eva Ruchpaul**, *Le Hatha-Yoga*, coll. « Connaissances et techniques », Le Livre de poche, 1985
- **Antoine de Saint-Exupéry**, *Terre des hommes*, éd. Gallimard
- **C. G. Jung**, *Psychologie du transfert*, éd. Albin Michel, 1984
- **Anatole France**, *Histoire contemporaine*, éd. Calmann-Lévy, 1981
- **Mary Balmary**, *Le sacrifice interdit*, éd. Grasset, 1986
- **Yvan Amar**, *L'effort et la grâce*, éd. Albin Michel, 1999
- **Jacques Salomé** (citant sa grand-mère)
- **Adage indien**
- **Michel Odoul**, *Dis-moi où tu as mal : éléments de psycho-énergétique*, éd. Dervy, 1994
- **Annick de Souzenelle**, *La parole au cœur du corps*, coll. « Espaces libres », éd. Albin Michel, 1997
- **Jacques Salomé**, *Écrits tenaces* (à paraître)
- **Joëlle Malbec-Cassano** et **Dorola** (lettres personnelles)
- **Nathaniel Hawthorne**, *Contes et récits*, trad. M. Zagha, présentation de P. Y. Pétillon, Imprimerie nationale, 1996
- **Jean Vasca**, *Solo solaire*, coll. « Points fixes poésie », Le Cherche Midi éditeur, 1992
- **Julos Beaucarne**, *Quand vous serez au milieu de la grande vie paysanne*, in *Mon terroir, c'est les galaxies* (1978), disponible en CD chez EPM Musique, Paris
- **Archie Fire Lame Deer** (au cours d'une *sweet-lodge*)
- **Jacqueline Grosclaude**, cité dans *Les Mémoires de l'oubli : se rencontrer pour changer*, Jacques Salomé et Sylvie Galland, coll. « Eau de jouvence », éd. Jouvence, 1989
- **Osho**, *Les mots du silence*, coll. « Le Voyage intérieur », éd. du Gange, 1994
- **M.-J. R.-M.** (lettre personnelle)
- **Arnaud Desjardins**, *Pour une vie réussie : un amour réussi*, éd. La Table Ronde, 1985
- **Clémentine Faïk-Nzuji**, *La puissance du sacré*, éd. La Renaissance du livre, 1993
- **Elisabeth Kübler-Ross**, *La mort est un nouveau soleil*, Pocket, 1998
- **Françoise Blot** (lettre personnelle)

• **Jacques Salomé**, *Écrits tenaces* (à paraître)
• **Osho**, *Une tasse de thé*, éd. du Gange, 1990
• **Poèmes zen**
• **Rosa Luxemburg**, *Lettres de prison*, trad. M. Aubreuil, Berg International éditeur, 1989
• **Lanza del Vasto**, *Approches de la vie intérieure*, Denoël, 1982
• **Martin Luther**, *De la liberté du chrétien*, trad. P. Büttgen, coll. « Points », Le Seuil, 1996
• **Morice Bénin**, *La Lune*, coll. « Pour prendre le large », éd. Chansigne, 3, place des Buissonets, Valence
• **Khalil Gibran**, *La voix de l'éternelle sagesse*, coll. « Horizons spirituels », éd. Dangles, 1990
• **Pierre Teilhard de Chardin**, *Le milieu divin : essai de vie intérieure*, Le Seuil, 1957
• **Christian Bobin**, *La plus que vive*, Gallimard, coll. « L'un et l'autre », 1996
• **Khalil Gibran**, *La voix de l'éternelle sagesse*, coll. « Horizons spirituels », éd. Dangles, 1990
• **Deepak Chopra**, *Vivre la santé*, éd. J'ai lu, 1995
• **Eugène Drewermann**, *L'Évangile des femmes*, Le Seuil, 1996
• **Jacques Salomé**, *L'Enfant Bouddha*, éd. Albin Michel, 1993

GUERIR